EPISODE I-VI

© & ™ 2015 LUCASFILM LTD.

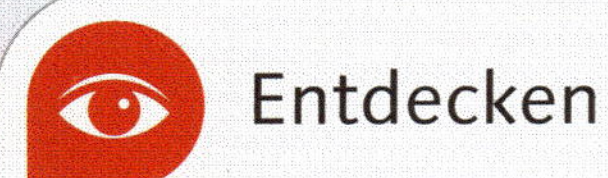

Ravensburger Buchverlag

DIE WICHTIGSTEN PERSONEN

ANAKIN SKYWALKER

LUKE SKYWALKER

MACE WINDU

OBI-WAN KENOBI

QUI-GON JINN

YODA

DARTH VADER

COUNT DOOKU

DARTH MAUL

GENERAL GRIEVOUS

PALPATINE

DARTH SIDIOUS

PRINZESSIN LEIA
PADMÉ AMIDALA
C-3PO
R2-D2
JAWAS
EWOK
JAR JAR BINKS
CHEWBACCA
HAN SOLO
JANGO FETT
BOBA FETT
JABBA DER HUTTE
STURMTRUPPLER
WATTO

EPISODE I

DIE DUNKLE BEDROHUNG

DIE REPUBLIK WIRD ERSCHÜTTERT

Es war einmal vor langer Zeit: In einer weit, weit entfernten Galaxis tobt ein Kampf zwischen Gut und Böse, ein Krieg der Sterne. Auf der einen Seite stehen die Jedi-Ritter. Sie wachen über Gerechtigkeit und Frieden. Ihre mächtigen Gegner sind die Sith, deren Antrieb tiefer Hass ist. Die hinterhältigen Machenschaften der Sith stürzen die Galaktische Republik der Planeten und Völker in einen langen, gewaltigen Krieg. Es geht um Macht, um die Vorherrschaft über die ganze Galaxis. Raumschiffe liefern sich erbitterte Schlachten. Krieger unterschiedlicher Herkunft kämpfen um ihr Leben. Und alles nimmt seinen Anfang auf einem kleinen, unbedeutenden Planeten mit dem Namen Naboo …

Geheime Mission: Zwei Jedi besuchen die Handelsföderation.

Der Vizekönig sucht Rat bei Darth Sidious.

Kampfdroidekas empfangen die Jedi.

Jar Jar Binks vom Volk der Gungans begleitet Obi-Wan und Qui-Gon.

Boss Nass empfängt die beiden Jedi in der Unterwasserstadt der Gungans.

Mit einem Unterseeboot der Gungans reisen sie durch den Kern.

Der Plan der Handelsföderation scheint aufzugehen: Königin Amidala von Naboo wird verhaftet.

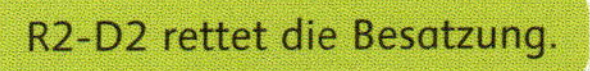

R2-D2 rettet die Besatzung.

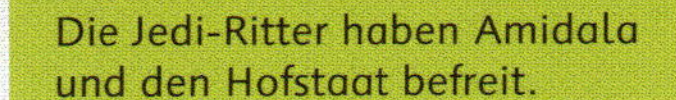

Die Jedi-Ritter haben Amidala und den Hofstaat befreit.

EPISODE  DIE DUNKLE BEDROHUNG

AUF DEM PLANETEN DER GESETZLOSEN

Die Jedi sind zur Notlandung auf Tatooine gezwungen. Dort suchen sie den Schrotthändler Watto auf. Der unfreundliche Toydarianer hat die dringend benötigten Ersatzteile. Doch der Jedi-Meister macht eine noch viel wichtigere Entdeckung: Von dem jungen Sklaven Anakin Skywalker geht große Macht aus.

Schlechte Nachrichten: Das Raumschiff muss notlanden.

Darth Sidious präsentiert seinen Schüler: Darth Maul.

Auf Tatooine in der Stadt der Diebe, Mos Espa.

Qui-Gon Jinn begegnet Anakin Skywalker, dem Sklaven des Schrotthändlers.

Anakin zeigt Padmé seinen selbst gebauten Droiden.

Qui-Gon Jinns Entschluss steht fest: Er will Anakin zum Jedi ausbilden.

Um Geld für die Ersatzteile zu gewinnen, nimmt Anakin am gefährlichen Podrennen teil.

Shmi Skywalker verabschiedet sich von ihrem Sohn.

Darth Maul hat die Jedi aufgespürt.

EPISODE I – DIE DUNKLE BEDROHUNG

DER KAMPF SPITZT SICH ZU

Auf Naboo vereinen sich Menschen und Gungans. Gemeinsam schlagen sie den Überfall der Kampfdroiden zurück. Obi-Wan kann Darth Maul besiegen, verliert aber seinen Meister. Und der junge Anakin wird zum Helden. Die Gefahr ist fürs Erste abgewehrt. Naboo feiert seine Befreiung.

Königin Amidala berichtet dem Senat von der Blockade Naboos, doch sie wird als Lügnerin beschimpft.

Die Jedi sind geschockt: Der weise Yoda glaubt, der Angreifer von Tatooine sei ein Sith gewesen.

Der Hohe Rat der Jedi testet Anakin Skywalker.

Auf Naboo greifen die Kampfdroiden erbarmungslos an.

Padmé enthüllt, wer sie wirklich ist.

Darth Maul kennt nur ein Ziel: die Jedi zu vernichten.

Die Jedi im Kampf mit Darth Maul.

Anakin mischt sich in die Kämpfe ein ...

... und zerstört die Droidenkontrollstation.

EIN ATTENTAT AUF SENATORIN AMIDALA

Zehn Jahre später. Auf Padmé Amidala werden mehrere Attentate verübt. Anakin Skywalker, nun kein Kind mehr, soll sie als Leibwächter schützen. Bei der Verfolgung der Attentäter macht sein Meister Obi-Wan Kenobi eine merkwürdige Entdeckung: Auf dem Planeten Kamino wird eine gigantische Klonarmee gebaut. Angeblich auf Befehl der Jedi-Ritter.

Anakin und Obi-Wan werden auf Coruscant gebraucht.

Anakin ist froh, Amidala endlich wiederzusehen.

Anakin und Obi-Wan verfolgen die Attentäterin.

Die Attentäterin ist Zam Wesell.

Neue Aufträge vom Hohen Rat: Anakin fliegt mit Amidala nach Naboo, Obi-Wan sucht die Auftraggeber der Attentate.

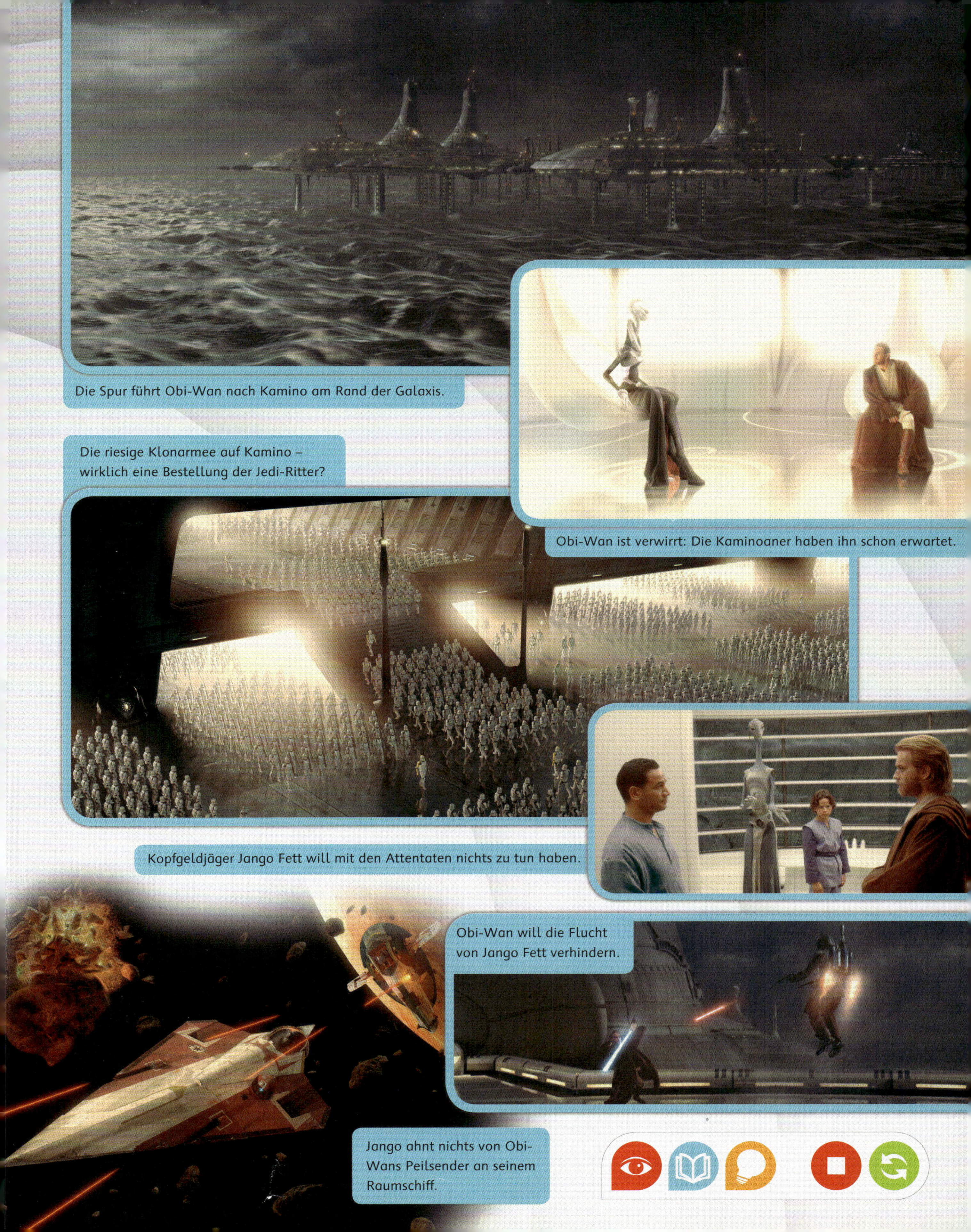

Die Spur führt Obi-Wan nach Kamino am Rand der Galaxis.

Obi-Wan ist verwirrt: Die Kaminoaner haben ihn schon erwartet.

Die riesige Klonarmee auf Kamino – wirklich eine Bestellung der Jedi-Ritter?

Kopfgeldjäger Jango Fett will mit den Attentaten nichts zu tun haben.

Obi-Wan will die Flucht von Jango Fett verhindern.

Jango ahnt nichts von Obi-Wans Peilsender an seinem Raumschiff.

ANGRIFF DER KLONKRIEGER

DIE KLONKRIEGE BEGINNEN

Obi-Wan belauscht auf Geonosis den Plan der Separatisten. Ihr Anführer Count Dooku plant einen intergalaktischen Krieg. Obi-Wan gerät in Gefangenschaft und wird zusammen mit Amidala und Anakin in der Arena wilden Tieren vorgeworfen. Klonkrieger und Droiden führen einen erbitterten Kampf. Die gute Seite gewinnt. Doch der Sith-Lord ist auch zufrieden: Die Klonkriege haben begonnen ...

Anakin widersetzt sich dem Befehl des Hohen Rats und fliegt nach Tatooine.

Anakins Vorahnungen waren richtig: Seine Mutter wurde entführt.

Weit entfernt spürt der weise Yoda den Wutausbruch von Anakin.

Count Dooku fordert Armeen von seinen Verbündeten.

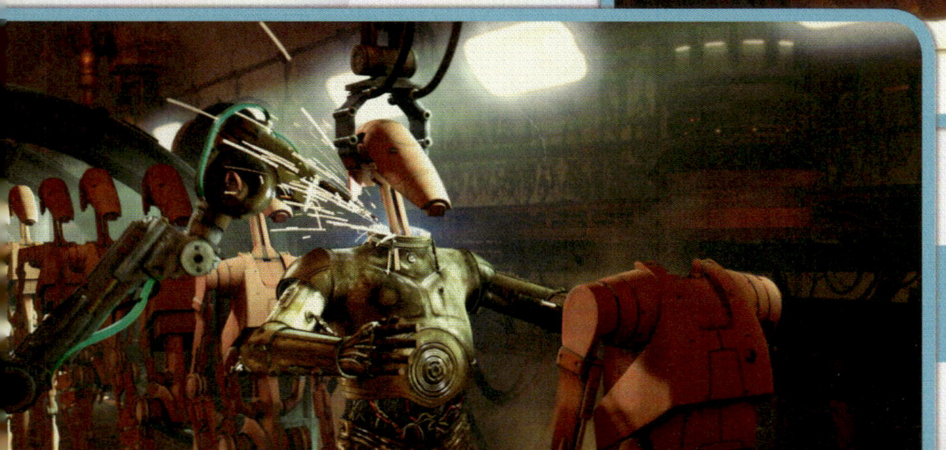

Die Separatisten rüsten auf: Die Fabrik für Kampfdroiden läuft Tag und Nacht.

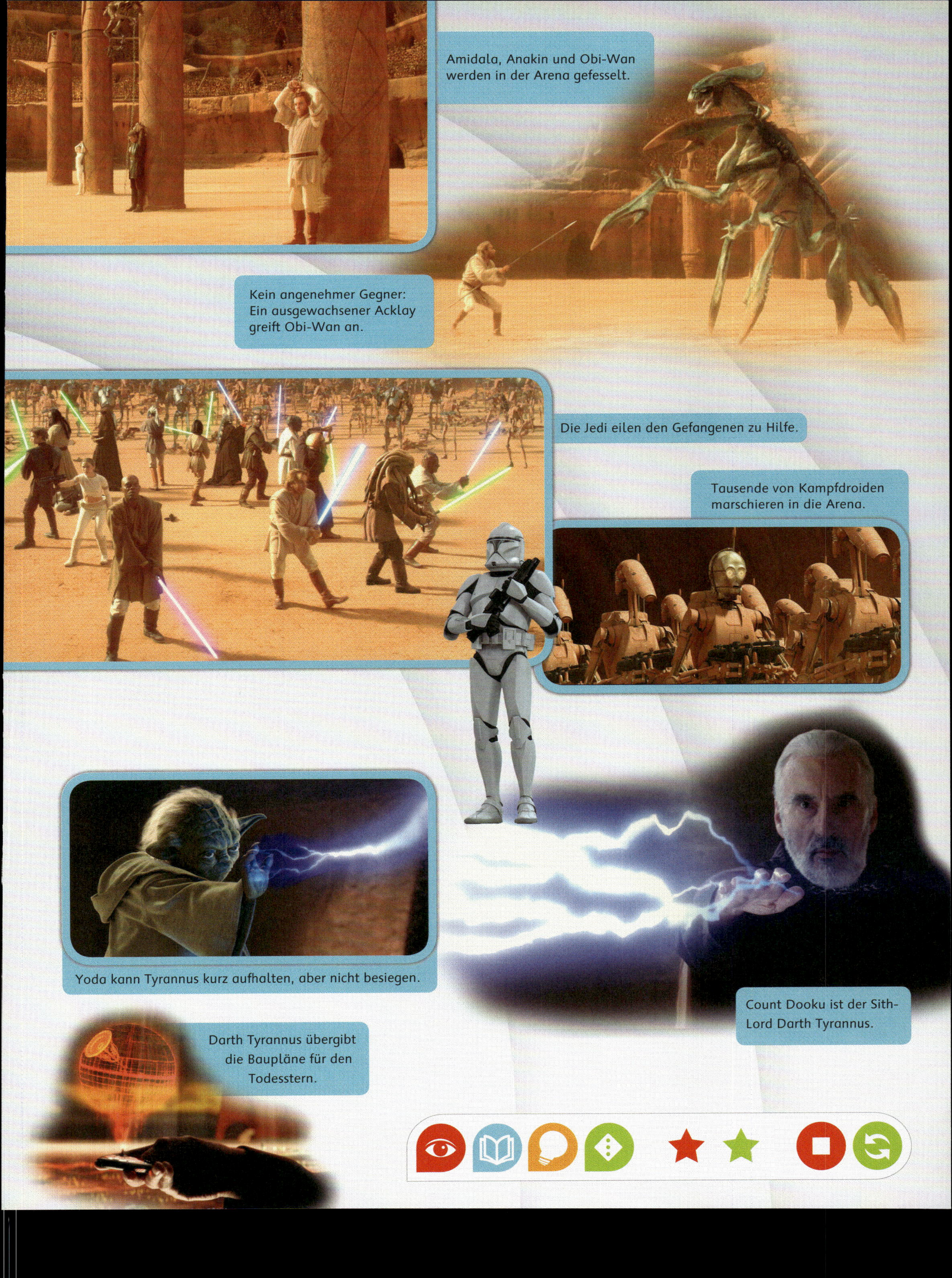
Amidala, Anakin und Obi-Wan werden in der Arena gefesselt.
Kein angenehmer Gegner: Ein ausgewachsener Acklay greift Obi-Wan an.
Die Jedi eilen den Gefangenen zu Hilfe.
Tausende von Kampfdroiden marschieren in die Arena.
Yoda kann Tyrannus kurz aufhalten, aber nicht besiegen.
Count Dooku ist der Sith-Lord Darth Tyrannus.
Darth Tyrannus übergibt die Baupläne für den Todesstern.

EPISODE III – DIE RACHE DER SITH

DIE BEFREIUNG DES KANZLERS

Drei Jahre toben die Klonkriege nun schon. Count Dooku triumphiert. Er setzt den Cyborg General Grievous darauf an, Kanzler Palpatine zu entführen. Bei dessen Befreiung verliert Anakin Skywalker wieder die Beherrschung über seine Gefühle. Deshalb wird er für seine Tat zwar in den Hohen Rat der Jedi aufgenommen, aber nicht zum Meister ernannt. Anakin tobt.

X-Flügler der Jedi greifen das Schiff von General Grievous an, auf dem der Kanzler gefangen ist.

Der entführte Kanzler Palpatine hetzt Anakin auf.

R2-D2 kann vieles, nur nicht kämpfen.

Anakin rettet den Kanzler mit einer gewagten Bruchlandung, doch General Grievous ist entkommen.

Amidala hat große Neuigkeiten: Sie ist schwanger.

Anakin wird in den Hohen Rat der Jedi aufgenommen, doch er wird kein Meister.

Anakin vertraut sich Kanzler Palpatine an: Er hat Angst, Amidala zu verlieren.

Der Planet Kashyyyk wird in den Krieg hineingezogen, Meister Yoda eilt den Wookiees zu Hilfe.

General Grievous hat gegen Obi-Wan keine Chance.

DIE DUNKLE SEITE WIRD STÄRKER

Kanzler Palpatine nutzt den Zorn und die Enttäuschung von Anakin aus. Mehr und mehr hetzt er ihn gegen die Jedi auf. Schließlich zeigt er sein wahres Gesicht: Er ist der gesuchte Sith-Lord Darth Sidious! Als Jedi-Meister Mace Windu ihn vernichten will, wird der dunkle Fürst von Anakin gerettet. Anakin ist nun auf der dunklen Seite der Macht.

Jedi-Meister Mace Windu spürt: Palpatine wird von der dunklen Macht umgeben.

Palpatine verspricht Anakin, gemeinsam den Tod besiegen zu können.

Mace Windu hat den Sith fast besiegt ...

Yoda fühlt sich bei den Wookiees nicht mehr sicher.

ANAKIN WIRD ZU DARTH VADER

Darth Sidious hetzt seine Klonarmee gegen die Jedi. Nur wenige, unter ihnen der weise Yoda, entkommen. Anakin selbst erhält den Auftrag, seinen Lehrer Obi-Wan zu vernichten. Er verliert den dramatischen Kampf und kann von nun an nur noch in seiner Rüstung überleben. Aus Anakin Skywalker ist Darth Vader geworden.

Yoda bespricht die Lage mit Obi-Wan und Bail Organa.

Der Senat stattet den Sith-Lord mit uneingeschränkter Macht aus.

Amidala fliegt nach Mustafar, um Anakin zu warnen.

Anakin ist vor Wut und Angst wie von Sinnen.

Umgeben von Lava kämpfen die ehemaligen Freunde Anakin und Obi-Wan gegeneinander.

Obi-Wan bringt es nicht über sich, Anakin zu töten.

Yoda kann Darth Sidious nicht besiegen.

Amidala bringt Zwillinge zur Welt und nennt sie Luke und Leia.

Anakin Skywalker gibt es nicht mehr – er ist Darth Vader geworden.

PRINZESSIN LEIAS HILFERUF

Unter der Führung des Imperators Darth Sidious herrscht das Imperium nun schon seit neunzehn Jahren über die Galaxis. Wenige Rebellen stellen sich ihm entgegen. Die Lage scheint aussichtslos. Da gelingt es Spionen, die Baupläne der fürchterlichsten Waffe des Imperiums zu rauben: des Todessterns. Doch Prinzessin Leia, die die Pläne zu den Rebellen schmuggeln soll, wird von Darth Vader gefangen genommen.

Sternenzerstörer durchsuchen die Galaxis.

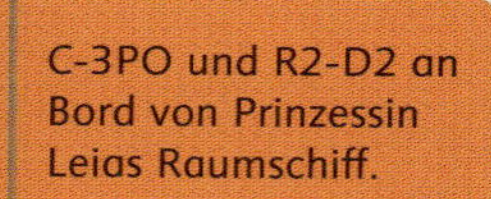

C-3PO und R2-D2 an Bord von Prinzessin Leias Raumschiff.

Darth Vader überfällt das Raumschiff von Leia.

In höchster Not übergibt Leia eine Nachricht an R2-D2.

Darth Vader will nur eines wissen: Wo sind die Baupläne für den Todesstern?

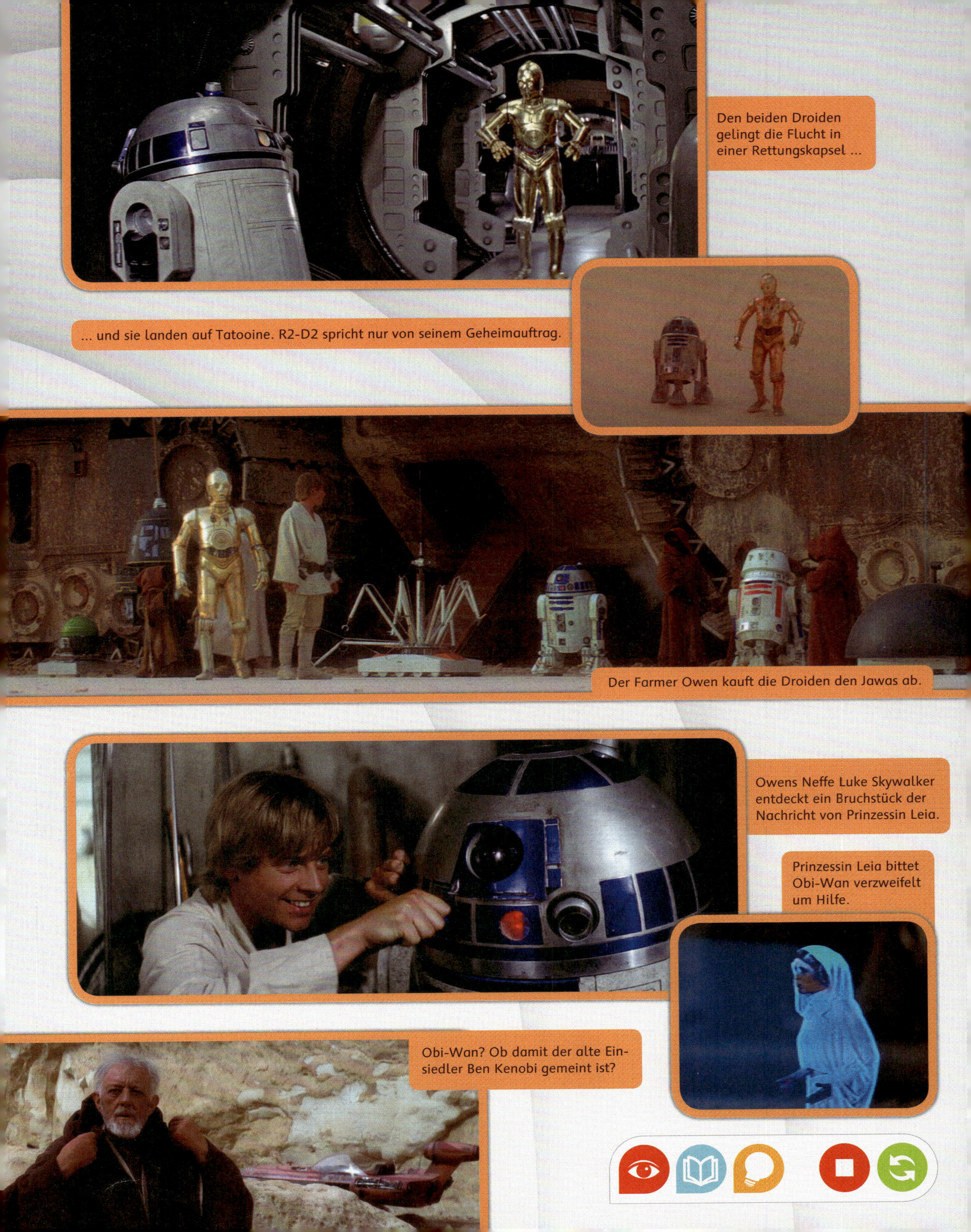
Den beiden Droiden gelingt die Flucht in einer Rettungskapsel ...
... und sie landen auf Tatooine. R2-D2 spricht nur von seinem Geheimauftrag.
Der Farmer Owen kauft die Droiden den Jawas ab.
Owens Neffe Luke Skywalker entdeckt ein Bruchstück der Nachricht von Prinzessin Leia.
Prinzessin Leia bittet Obi-Wan verzweifelt um Hilfe.
Obi-Wan? Ob damit der alte Einsiedler Ben Kenobi gemeint ist?

EPISODE IV EINE NEUE HOFFNUNG

ERSCHÜTTERUNG DER MACHT

Obi-Wan Kenobi gibt sich als Jedi-Ritter zu erkennen und macht sich auf, Leias Auftrag auszuführen. Luke folgt ihm. Sie heuern den Schmuggler Han Solo an, um mit ihm die Baupläne für den Todesstern nach Alderaan zu bringen. Doch unterwegs spürt der Jedi-Meister eine Erschütterung der Macht. Die dunkle Seite hat erbarmungslos zugeschlagen.

Darth Vader bringt Prinzessin Leia auf den Todesstern.

Eine Schießerei? Da zieht C-3PO lieber den Kopf ein.

Han Solo ist ein gerissener Schmuggler, aber er hat angeblich das schnellste Schiff der Galaxis.

Jabba der Hutte will sein Geld sehen. Han Solo verspricht, bald zu zahlen.

Prinzessin Leia gibt nach, weil Großmoff Tarkin droht, Alderaan zu vernichten.

Tarkin bricht sein Wort: Der Todesstern zerstört den friedlichen Planeten Alderaan.

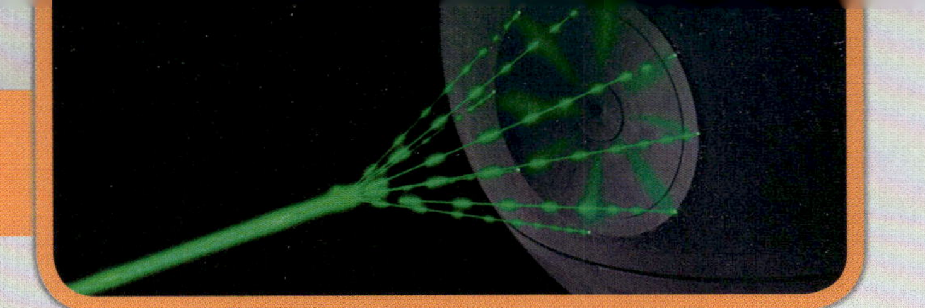

Obi-Wan spürt die böse Tat auch Lichtjahre entfernt.

C-3PO findet es gesünder, den bärenstarken Wookiee gewinnen zu lassen.

Der *Millennium Falke* ist gefangen an Bord des Todessterns.

Luke und Han Solo gelingt durch einen Trick die Befreiung der Prinzessin ...

... doch kurz darauf landen sie in der Müllpresse.

R2-D2 rettet die Eingesperrten.

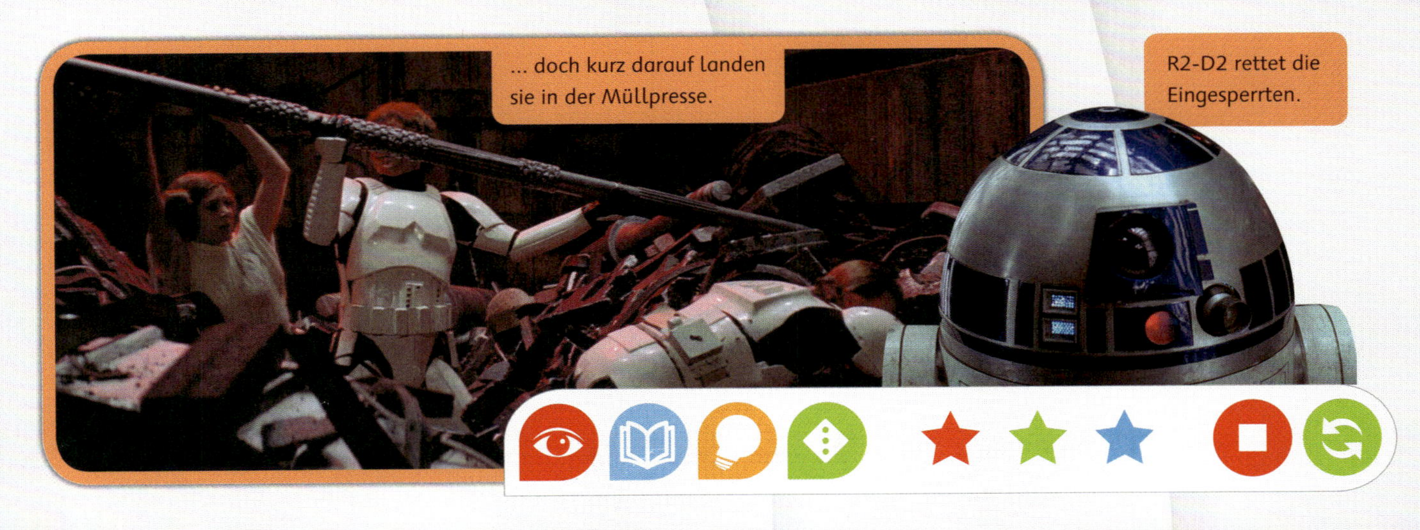

DIE BEGEGNUNG ALTER FEINDE

Han Solo, Luke und Leia gelingt es, die Baupläne des Todessterns zum Stützpunkt der Rebellen zu bringen. Doch der Todesstern ist ihnen gefolgt. Den Rebellen bleiben nur wenige Minuten bis zu ihrer Vernichtung. Luke Skywalker lässt sich ganz von der Macht leiten – und trifft mit einem Schuss die Schwachstelle des Todessterns. Die fürchterlichste Waffe der Galaxis ist zerstört!

Ein Traktorstrahl hält Han Solos Raumschiff auf dem Todesstern fest, Obi-Wan schaltet ihn aus.

Obi-Wan kämpft gegen Darth Vader – und verliert.

Der *Millennium Falke* entkommt vom Todesstern.

Die Rebellen studieren die Baupläne und finden einen Schwachpunkt.

Der Todesstern nimmt den Rebellenstützpunkt ins Visier.

X-Flügler der Rebellen schwärmen aus.
Darth Vader mischt sich in die Luftschlacht ein.
Luke schaltet den Zielcomputer aus, er verlässt sich ganz auf seine Gefühle.
Was für ein Schuss! Der Todesstern explodiert.
Die Helden werden gefeiert.

EPISODE V DAS IMPERIUM SCHLÄGT ZURÜCK

DIE REBELLEN WERDEN ENTDECKT

Die Rebellen werden vom Imperium auf dem Eisplaneten Hoth aufgespürt. Han Solo, Leia und Chewbacca gelingt die Flucht im *Millennium Falken*. Luke aber folgt ihnen nicht. In einer Vision hat sein alter Meister Obi-Wan Kenobi ihn aufgefordert, seine Ausbildung zum Jedi beim weisen Yoda abzuschließen. Dieser soll sich auf Dagobah verstecken.

Schlachtschiffe durchsuchen jeden Winkel der Galaxis nach den Rebellen.

Ein Wampa

Bewusstlos im Schnee liegend hat Luke eine Vision.

Darth Vader spürt die Macht von Luke. Die Rebellen sind auf Hoth!

AT-ATs greifen die Verstecke der Rebellen an.

Chewbacca, C-3PO, Leia und Han Solo fliehen im kaputten *Falken*.

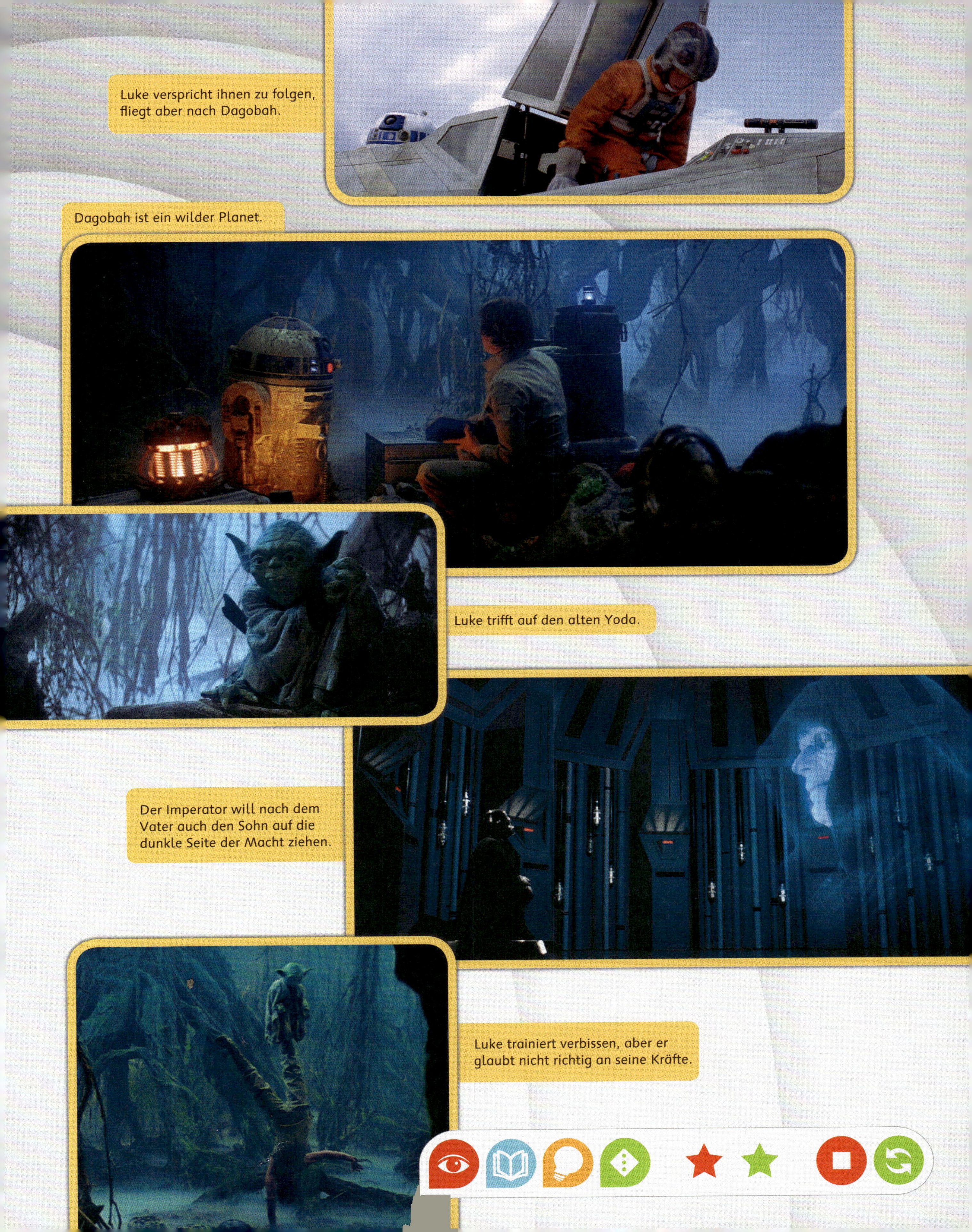

Luke verspricht ihnen zu folgen, fliegt aber nach Dagobah.

Dagobah ist ein wilder Planet.

Luke trifft auf den alten Yoda.

Der Imperator will nach dem Vater auch den Sohn auf die dunkle Seite der Macht ziehen.

Luke trainiert verbissen, aber er glaubt nicht richtig an seine Kräfte.

EPISODE V DAS IMPERIUM SCHLÄGT ZURÜCK

AUF DER FLUCHT

Lando Calrissian war einst Han Solos Freund, aber kann er ihm jetzt noch trauen?

In der Wolkenstadt über dem Gasplaneten Bespin erhofft Han Solo sich Hilfe.

Han Solo will den *Millennium Falken* bei Lando Calrissian reparieren. Doch sein alter Freund verrät die Rebellen an Darth Vader. Luke spürt die Not seiner Freunde und eilt ihnen gegen den Rat von Yoda zu Hilfe. Darth Vader verrät ihm, dass er sein Sohn ist. Trotzdem kommt es zum Kampf.

Lando verrät die Rebellen an Vader.

Han Solo wird in Karbonit eingefroren, Jabba hat ein Kopfgeld auf ihn ausgesetzt.

Boba Fett bringt den eingefrorenen Han Solo zu Jabba.

Yoda rät Luke, sich nicht ablenken zu lassen, bis seine Ausbildung abgeschlossen ist.

Luke trifft auf Bespin ein.

Es kommt zum Kampf: Darth Vader gegen Luke Skywalker.

Hilfe von unerwarteter Seite:
Lando Calrissian befreit die Gefangenen.

Vader sagt Luke, dass er sein Vater ist.

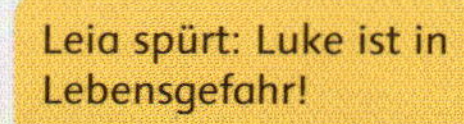

Leia spürt: Luke ist in Lebensgefahr!

R2-D2 gelingt es, den Hyper-antrieb zu reparieren.

Luke, Leia und die Droiden sehen Lando nach, der Han Solo befreien will.

EPISODE VI DIE RÜCKKEHR DER JEDI-RITTER

HAN SOLOS BEFREIUNG

Han Solo wird in Jabbas Palast auf Tatooine gefangen gehalten. Dort wimmelt es nur so von Verbrechern und Kopfgeldjägern. Die Freunde versuchen, Han zu befreien, doch Jabba ist gerissen. Erst im letzten Moment gelingt es Luke, den Hutten zu besiegen.

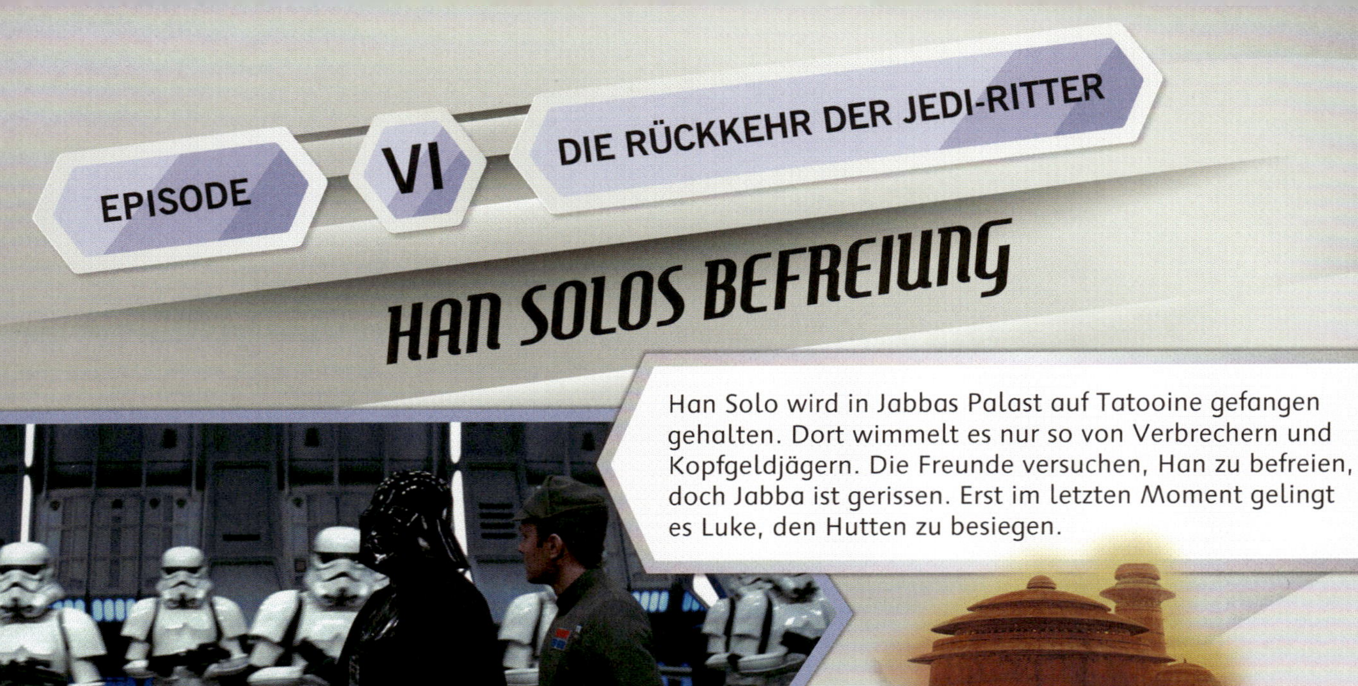

Darth Vader ist ungehalten: Der Bau des Todessterns dauert zu lange!

Jabbas Palast – ein Hort des Verbrechens.

Jabba ist keiner, bei dem man Schulden haben sollte.

Zaghaft klopft C-3PO ans Tor von Jabbas Palast.

Luke Skywalker spricht als Hologramm zu Jabba.

Ein Kopfgeldjäger bietet Jabba den Wookiee Chewbacca zum Kauf an.

Der Kopfgeldjäger legt seine Verkleidung ab: Es ist Prinzessin Leia!

Luke bittet um Einlass bei Jabba, der Wächter ist skeptisch.

Luke wird in eine Grube geworfen, ein ausgehungerter Rancor erwartet ihn.

Der Jedi befreit sich und seine Freunde.

Han rettet seinen Freund Lando vor dem Sarlacc.

EPISODE VI DIE RÜCKKEHR DER JEDI-RITTER

YODAS ABSCHIED

Luke will seine Ausbildung auf Dagobah abschließen, doch Yoda ist schwach und müde. Der weise Jedi-Meister stirbt und wird – wie Obi-Wan vor ihm – ganz zum Geist. Luke erfährt, dass Leia seine Schwester ist. Auf dem Planeten Endor versuchen die Rebellen, den Schutzschild auszuschalten. Nur so kann der zweite Todesstern angegriffen werden.

Yoda hatte ein langes Leben, nun ist er müde.

Der Geist von Obi-Wan verrät: Leia ist Lukes Schwester.

Die Rebellen analysieren den Bauplan des neuen Todessterns.

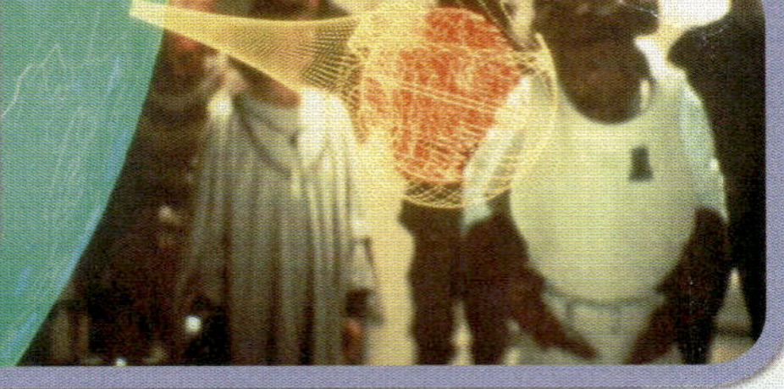

Vom Planeten Endor aus macht ein Schutzschild den Todesstern unangreifbar.

C-3PO reicht es: Auf in den Kampf!

Luke und Leia erbeuten auf Endor zwei Düsenschlitten.

C-3PO gefällt der Planet überhaupt nicht.

Leia fällt von ihrem Fahrzeug und macht Bekanntschaft mit einem Ewok.

Leia erfährt, dass sie und Luke Geschwister sind.

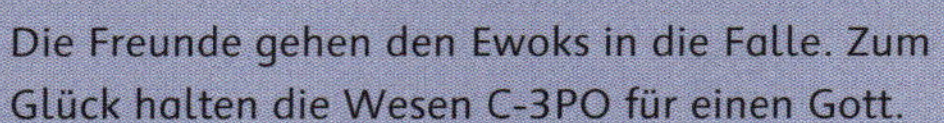

Die Freunde gehen den Ewoks in die Falle. Zum Glück halten die Wesen C-3PO für einen Gott.

Darth Vader bringt Luke zum Imperator auf den Todesstern.

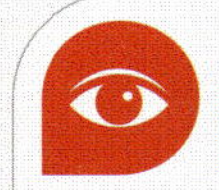

DAS IMPERIUM IST BESIEGT!

Die Rebellen beginnen ihre Angriffe, aber der Todesstern ist gar keine Baustelle mehr. Er ist bereits einsatzbereit und eine tödliche Falle. Erst im letzten Moment gelingt es den Rebellen, den Schutzschild auszuschalten. Doch noch wichtiger ist der Sieg von Luke. Gemeinsam mit seinem Vater vernichtet er den Imperator Darth Sidious. Überall in der Galaxis wird gefeiert!

Admiral Ackbar ahnt nicht, dass die Rebellen in eine Falle gelockt wurden.

Die Rebellen werden auf Endor überrumpelt.

Die Ewoks sind niedlich und harmlos? Wohl kaum!

C-3PO und R2-D2 planen eine List.

Vader und Luke kämpfen, es geht um Leben und Tod.

Der Imperator streckt Luke mit seinen Machtblitzen nieder. Doch Darth Vader rettet seinen Sohn.

Chewbacca und zwei Ewoks kapern einen AT-ST-Kampfläufer.

Lando Calrissian trifft, auch der zweite Todesstern ist vernichtet.

Der Todesstern scheint noch eine Baustelle zu sein.

Die gesamte Galaxis feiert.

Luke nimmt Abschied von seinem Vater.

Seine gute Tat hat Anakin gerettet, sein Geist ist nun bei Yoda und Obi-Wan.

RAUMSCHIFFE UND FAHRZEUGE

ZEPHYR-G DÜSENSCHLITTEN

74-Z DÜSENSCHLITTEN

TSMEU-6 RADGLEITER

MILLENNIUM FALKE

N-1 STERNJÄGER

J-TYP 327 NUBIAN

TRIBLASEN-BONGO

T-16 LUFTHÜPFER

SKLAVE I

X-FLÜGLER

A-FLÜGLER

AT-AT